LES HOMMES DU JOUR

I. J.-J. HENNER

PAR

UN CRITIQUE D'ART

PARIS

GEORGES DECAUX, ÉDITEUR

7, RUE DU CROISSANT, 7

1878

J.-J. HENNER

F. AUREAU. — IMPRIMERIE DE LAGNY

M. J.-J. Henner

LES
HOMMES DU JOUR

M. J.-J. HENNER

—1839-1878—

PAR

UN CRITIQUE D'ART

PARIS

GEORGES DECAUX, ÉDITEUR

7, RUE DU CROISSANT, 7

1878

M. J.-J. HENNER

Lorsqu'on étudie les artistes qui marqueront le plus profondément dans la seconde partie de ce siècle, un nom se présente, parmi les nouveaux venus, ceux qui ont conquis leur rang depuis une dizaine d'années, c'est celui de M. Henner, l'auteur de tant d'œuvres si personnelles, si puissantes et si charmantes à la fois, et qui vient de s'affirmer au Salon et à l'Exposition de 1878 par une réunion d'œuvres d'une valeur considérable.

Arrêtons-nous devant cette physionomie simple et forte comme ses tableaux.

Les artistes sincères, personnels, amoureux de leur art, indifférents aux succès bruyants et n'aspirant qu'à la solide et durable renommée ont été rares dans tous les temps. Ils sont aujourd'hui plus rares encore. Mais il en est qui méritent pourtant d'être donnés en exemple. M. Henner, l'auteur de l'*Alsace* et de l'*Idylle*, est de ceux-là. Esprit loyal et tempérament robuste, entièrement voué à son art, il m'a toujours rappelé ces artistes résolus d'autrefois, qui se vouaient tout entiers, corps et âme, à leur labeur. Je lisais naguère dans un journal alsacien, le *Journal d'Altkirch et de l'Arrondissement*, la lettre d'un condisciple de J.-J. Henner qui évoquait, avec l'émotion que gardent toujours les souvenirs sincères, ces heures d'enfance où l'auteur du *Bon Samaritain* et de la *Suzanne*, qu'on voit au Luxembourg, n'était encore qu'un écolier.

« Vous rappelez-vous, disait le correspondant du *Journal d'Altkirch*, une distribution des prix au collège d'Altkirch ? Vous rappelez vous les fanfares et les bravos qui accompagnaient les heureux, surtout dans les classes élevées ? Puis à mesure que l'on arrivait à la fin du programme, les applaudissements devenaient moins vifs ; si bien que tout à la fin, c'était au milieu de l'inattention générale que l'on distribuait les prix de dessin. A ce moment, et toujours invariablement le même, on voyait monter à la tribune un jeune homme dont alors personne certainement ne prévoyait l'avenir. Je fais ces réflexions au sortir de l'Exposition de peinture, et je ne puis m'empêcher de comparer le chemin parcouru par certains prix de philosophie avec celui de ce modeste élève dont les dispositions heureuses, le travail et la persévérance ont fait le peintre Henner. »

Tel cet ami d'enfance nous montre Henner, montant doucement sur l'estrade, tel l'adolescent, devenu un maître, est demeuré parmi ses confrères le plus sincère et le plus convaincu de tous les hommes, le plus pénétrant et le plus poétique de tous les peintres.

Qui n'a rêvé longuement devant ses Idylles éternelles où, dans la fierté chaste des jours antiques, quelque femme nue s'étend sur l'herbe verte ou jette à l'air du soir l'accent mélancolique de la flûte de roseau ? C'est la fin d'une journée heureuse. Le crépuscule va venir. Les arbres se profilent en masses solides et légèrement assombries sur le ciel d'un bleu tendre, tandis qu'un étang ou l'eau endormie de quelque ruisseau réfléchit la profondeur du ciel immense. Quelle grâce ! quel charme ! quels rêves ! Théocrite et Virgile ont chanté comme sait peindre ce fils de l'Alsace, et il y a dans ce maître portraitiste, dont le pinceau sait rendre le regard, la bonté, la pensée, les âmes, il y a à la fois, en vérité, un grand peintre et un grand poëte : le poëte de la na-

: et des bois, de la rêverie et de la beauté.
: ne parle pas des qualités exquises de
: qui font chez Henner, l'étonnement des
itres du nu. Je parle de la vérité qu'il sait
iner à la poursuite de son idéal. Un jour
: je regardais, dans son atelier, une étude
e par lui, autrefois, à Venise, je fus frappé
la ressemblance qui existait entre ce coin
ville vénitienne et la fameuse *Vue du pont
nt-Ange* de Corot. Même ton argenté, même
iplicité, même grandeur. C'est que la na-
e est identique à elle-même et que, pour
iver au vrai beau, il suffit d'être simple,
cère et vrai. Ces trois qualités sont celles
i distinguent entre tous Jean-Jacques Hen-
r, cet autre *élève de lui-même*, qui, tout en-
it, se disait: « Quel bonheur ce serait d'être
intre ! » Et qui est vraiment l'ennemi de
ut charlatanisme et le modèle de l'*artiste*
ns toute l'étendue du mot.

Entrons chez lui. L'atelier est grand, lumi-

neux avec ses murailles toutes couvertes d'esquisses, de copies de maîtres, d'études et de
souvenirs. On y pénètre après avoir poussé
la grille d'une sorte de petit jardin. La maison est haute, peuplée de peintres. Pils y de-
meurait, Charles Marchal s'y est tué. M. Pu-
vis de Chavannes, le grand artiste des fres-
ques du Panthéon, et Boldini, le petit étala-
giste de jupes traversant les *places* parisien-
nes, y habitent.

Cette maison, le nº 11 de la place Pigalle,
mérite d'être historique. Jules Dupré et son
frère Victor, Théodore Rousseau, le baron
Wappers y ont vécu et créé.

Au second étage, dans l'ancien atelier
d'Isidore Pils, Henner, qui travaillait jadis au
rez-de-chaussée, s'est installé depuis la mort
du peintre de l'*Alma*.

Tout le jour il est là, ne sortant guère que
le soir, aussi éloigné du bruit sur cette place
Pigalle, que s'il était blotti dans une Thé-

de. Et c'est ainsi qu'il vit, face à face avec
rêve, poursuivant honnêtement et obsti-
nent cet idéal qui s'appelle *le Vrai*.

olide, les épaules larges, une tête énergi-
et bonne sur un cou robuste, la barbe
ière, le sourire confiant, loyal, la main
vement tendue, lorsqu'on sonne à la pe-
porte c'est ainsi qu'il vient vous ouvrir.
ffé d'une sorte de bonnet de velours noir
nt la forme ressemble à celui que porte
drea del Sarto sur le portrait des *Uffizzi*
il a peint lui-même, Henner dans son ate-
, *at home*, en chemise de flanelle et le pin-
u à la main, fait songer à quelqu'un de
maîtres d'autrefois qu'on devine, à leur
ard seul, voués à une tâche unique : la
ursuite du mieux dans leur art. Ce n'est
int par pose ou par *chic* qu'il place cette
ue de velours sur sa tête déjà un peu dé-
nie et grisonnante : je le répète, il est
simplicité même. Il ne cherche point à

s'« arranger » pour la postérité une *tête* et à idéaliser son type. Il est dans la vie ce qu'il est en peinture : l'homme le plus naturel et le plus droit, une nature résolue d'Alsacien, avec une passion latente qui perce violemment parfois, sous une douceur profonde.

Je me suis souvent imaginé, encore une fois, en le regardant, un de ces artistes *ymagiers* d'autrefois — tout embrasés de leur foi, de leur art, mais non point bruyants et tapageurs, comme un Benvenuto Cellini ; pénétrés et laborieux, au contraire, comme un Holbein. Et ce n'est point par hasard que ce glorieux nom me revenait à la pensée. Holbein, c'est l'admiration profonde du peintre.

Henner est né non loin de Bâle, à Bernwiller, le 5 mars 1829. Il a pu, tout jeune et l'œil avide, voir de près, soit en Suisse, soit au Musée de Colmar, bien des œuvres précieuses de ce poëte du Vrai. L'enfant de Bernwiller, (village du Sundgau, dont une partie formait l'arrondissement de Belfort) — a dû s'enthousiasmer pour le grand homme de Bâle. Et certes il lui est resté quelque chose de ce premier amour, l'amour de ce qu'aimait Holbein lui-même : la vérité, la solidité, la conscience.

La figure mâle et bonne d'Henner respire une franchise sans façon qui ne va pas sans malice. Le sourire raille parfois, sans déchirer jamais.

Cet homme est de ceux qu'on estime en les aimant et les admirant. Passionné, je l'ai dit, pour son art, il ne pactise point avec les peintres amusants, les faiseurs de croquis, les *facilistes*, les conteurs d'anecdoctes, les *journalistes* du pinceau : « Ils peuvent faire des littérateurs de talent, dit-il, mais des peintres, je le nie ! Que m'importe le *sujet* dans un tableau ? Voyez telle œuvre de maître ? Qu'y a-t-il ? Deux taches blanches qui sont des femmes, sur une tache verte et une tache bleue, qui forment un fond d'arbres et un ciel. Où est le *sujet*? On n'en sait rien. Mais il y a là une grâce, une poésie, une séduction, une harmonie. Mais ces taches accumulées font naître en vous une impression, vous causent une joie. Mais tout cela, c'est de la *peinture*, et je suis remué, et je suis ému, et j'admire! »

Il faut voir alors le peintre s'exalter, avec sa foi profonde et grave.

Je lui ai entendu dire un mot superbe à propos de certains peintres de *nus* qui peignaient des *académies*, mais non point des hommes ou des femmes.

« Ils ne savent pas peindre *la peau!* Voyez Vélasquez! Voyez le Titien! Chacun d'eux peint différemment, mais l'un et l'autre peignent de la *peau!* Le *Christ* de Vélasquez est admirable! C'est de la peau! *On aurait envie de lui embrasser le ventre!* »

Cela dit avec un accent alsacien, un ton

convaincu, irrésistible, une passion qui vous prouvent qu'on est vraiment en face d'une nature d'élite et d'un robuste lutteur. Et cette passion même, je le redis, n'exclut pas une finesse pénétrante.

En face du modèle, l'œil du peintre se fixe avec une intensité profonde sur l'objet qu'il va peindre. La paupière s'abat comme pour donner je ne sais quoi de plus aigu à la prunelle qui darde devant elle un regard perçant comme une vrille et qui pourtant embrasse tout à la fois, comme un coup d'œil circulaire. L'œil de J.-J. Henner, en un tel moment, cet œil bon, placide, souriant et reposé, semble pétillant et embrasé.

C'est cet œil si vivant qui *voit* dans leur réalité les hommes et les choses, et pousse le pinceau à les transporter tels qu'ils sont, sur la toile. L'ancien élève de Drolling et de Picot, depuis longtemps passé maître, serre de près, grâce à cette faculté de vision, la vérité adorée. Dans son *Portrait de femme* du Salon de 1874, comme il a peint et avec quel relief, une femme, non pas éclatante de luxe, un modèle *aristocratisé* comme par un Cabanel ou paré pour la circonstance, mais une femme rencontrée, si je puis dire, par hasard, une passante saisie au détour d'une rue, en son costume de tous les jours, ses gants aux doigts, son *en-tout-cas* à la main ! C'est un chef-d'œuvre, ce portrait si vivant, qui pourrait servir de pendant au *Tableau parlant* de Grétry en s'appelant le *Portrait marchant* et qui laisse dans l'œil une bien autre impression d'harmonie que les ariettes du musicien en laissent dans l'oreille. Une jeune femme blonde, vêtue de noir, avec une fourrure autour de son paletot, un chapeau sur la tête, marchant serrée dans son costume, en fixant sur le spectateur un regard étrange, singulièrement profond et troublant. C'est la vie même. Cette figure qui se détache sur un fond vert bleu, prend, dès qu'on l'aperçoit, une intensité de vie prodigieuse. L'énigmatique sourire de *la Joconde* n'a pas plus de bizarrerie et de charme que le regard clair et perforant de cette femme. Quant à la façon dont cela est peint, demandez aux gens du métier. Rien que de sincère et de franc. Pas une note criarde, pas une touche pour attirer l'œil. Un simple ruban bleu tranche doucement sur cette harmonie de noir et de gris. La figure, vraiment faite de chair, n'est pas écrasée par les vêtements ni les accessoires. C'est le triomphe de la vérité scrupuleuse et de la loyauté artistique.

Ce que nous disons là d'un des *portraits* peints par Henner, nous pourrions le dire de tous. La même vertu, la simplicité, se retrouve dans toutes les pages du maître.

Elle se retrouvait déjà chez l'enfant. Jean-Jacques Henner était fils d'un brave homme fort épris de la peinture par instinct, et qui avait entendu parler de peintres ayant eu le *Prix de Rome*. C'était le but envié par le vieil Alsacien !

— Jean-Jacques aussi, se disait-il sans doute, aura le prix de Rome !

Henner était alors au collège d'Altkirch. Il faisait deux lieues à pied pour y aller, et autant pour revenir tous les jours, et cela parce qu'il y avait à Altkirch M. Goutzwiller, un professeur de dessin qui jouissait d'une grande réputation. Le professeur d'Henner est demeuré son ami depuis ces années écoulées. En revenant au logis, à Bernwiller, le petit Jean-Jacques retrouvait à la maison, de vieux tableaux qu'il regardait et contemplait sans cesse. C'était *le père* qui les avait achetés et accrochés là !

Le père mourut sans avoir eu la joie de voir son enfant devenir un « grand homme. » Mais, avant de mourir, il fit promettre à ses autres enfants, les aînés de Jean-Jacques, de

faciliter, selon leurs moyens, la destinée du
futur peintre et, devant le lit de mort du
chef de famille, tous promirent et tous tin-
rent parole. Quoi de plus touchant que cette
foi du vieillard de Bernwiller dans le glorieux
avenir de son fils?

D'Altkirch, J.-J. Henner alla à Strasbourg,
pendant deux ans, à l'atelier de Guérin. Il y
connut Jundt, le peintre des ruisseaux aux
bords fleuris, et Lix. Gustave Brion et Schut-
zenberger avait déjà quitté l'atelier stras-
bourgeois et étaient à Paris où Jundt, Lix et
Henner ambitionnaient de pouvoir se rendre
un jour. Henner dessinait là, d'après nature,
le matin et le soir. Il travaillait également
au Musée. Dès son arrivée, il s'était mis à co-
pier un magnifique morceau de Heim.

A quatorze ans, n'ayant jusque-là jamais
touché un pinceau, tenu une palette, J. J. Henner fit, à Strasbourg, une copie du *Berger* de
Heim buvant à une source. Ce tableau de

Heim a été brûlé lors de l'incendie du Musée, dans le bombardement de 1870. Henner adolescent était déjà instinctivement amoureux des fonds noirâtres, de ces arbres poétiques. Il garde cette copie enfantine dans son atelier de maître. Elle a déjà des qualités de premier ordre. Le cou et le dos du berger sont bien modelés. Le fond est plus sommaire et plus primitif.

Il nous montrait, un jour, cette copie en même temps qu'une *étude* de petit garçon faite à son retour de Rome, à Paris (1865). De quels pas de géant le peintre avait marché ! La chair de cette *étude* d'enfant est formée par la toile même, avec quelques frottis légers, çà et là.

L'œil est cherché, il troue la toile ; la lèvre est grasse et lourde. On dirait vraiment une figure de Velazquez.

A côté de cela, Henner plaçait une jolie tête de petite fille, à longs cheveux blonds, toute rose avec un petit ruban bleu passé au cou : un vrai bonheur de pinceau. — Cela ne vaut pas l'*autre* ! disait Henner.

Guérin mourut. L'atelier de Strasbourg fut fermé. Malgré son peu de ressources, Henner finit par venir à Paris. Il entra là à l'atelier Drolling. Ses principales études étaient de faire des portraits et de travailler au Louvre. Le Louvre devint même bientôt son seul refuge car Henner fut obligé de renoncer à l'atelier, faute de pouvoir payer les vingt francs par mois que coûtait l'enseignement de Drolling.

Paul Baudry, Carolus Duran, — sans compter leurs précédesseurs, ces illustres mangeurs de *vache enragée*, les Théodore Rousseau, les Jules Dupré, les J. F. Millet, les Diaz, — ont eu de ces heures d'épreuves.

Mais Henner, avec sa vaillante nature, ne se désespérait pas. Il allait bientôt concourir pour le prix de Rome et, du premier coup, enlever les suffrages. Le sujet du concours était *Adam et Ève retrouvant le corps d'Abel*. On peut voir ce *prix* à l'Ecole des beaux-arts. C'est un des plus beaux qui aient jamais été exécutés et, chose remarquable, Henner, avec ses qualités actuelles, s'y retrouve déjà tout entier. Le paysage, par exemple, est tel qu'il 'exécuterait aujourd'hui. Et quelle grâce dans la chair des personnages !

Henner était fort inquiet du résultat du concours. Il s'agissait pour lui d'une question vitale. M. Benjamin Ulmann, un des concurrents, exécutait un tableau tout à fait excellent et d'un dessin solide. C'était un rival dangereux. Mais le petit modèle qui servait à tous les concurrents pour *poser l'Abel* mort, répétait à Henner : — « Ne craignez rien, vous aurez le prix ! »

Et, dans sa loge, Henner travaillait, le cœur plein d'angoisse. A la fin, (tant les *accessoires* d'une composition lui importaient et on peut le dire, lui importent peu) il s'aperçut qu'il

vait oublié de mettre un bâton dans son tableau, de telle sorte que son Caïn pouvait
avoir tué Abel à coups de poing. C'était une
variante apportée à la Bible. Henner s'in-
quiétait fort peu, je le répète, des accessoires.
La peinture seule le préoccupait. En voyant
les tableaux de ses concurrents, il s'aperçut
de son oubli et ajouta le bâton en toute hâte.
Tel il était alors, tel il est demeuré. Il nie la
nécessité de ces petites choses, *quantités né-
ligeables*, comme diraient les Allemands. Ce
qui n'empêche point, pourrait-on lui répon-
dre, que Corrége, par exemple, a souci du
flambeau et du carquois de l'Amour dans
son *Antiope* endormie. La recherche de certains détails de composition ne saurait nuire
au charme de la couleur.

Le petit modèle avait prévu juste, Henner
obtint le prix et alla à Rome.

Dès son arrivée à la villa Médicis, attiré par
les grandes masses ombreuses des oliviers

d'un noir bleu, Henner descendait avec sa boîte à couleurs, dans le jardin de la Villa, et faisait, à peine installé, au débotté, comme on dit, trois ou quatre *études* définitives qu'il retrouve aujourd'hui et qui lui ont servi pour le paysage de ses *Naïades*, sa grande et magnifique toile exposée au Champ de Mars.

Le professeur de dessin de J.J. Henner, M. Ch. Goutzwiller, dont la *Gazette des Beaux-Arts* a publié de remarquables dessins sur bois, a donné dans son travail sur le *Musée de Colmar* des notes fort intéressantes et qui montrent Henner à ses débuts déjà préoccupé du respect et de la grandeur de son art. M. Goutzwiller a pu suivre depuis 1842, le développement des études de ce véritable et vaillant artiste. Il nous le fait voir cherchant sa voie, luttant, persévérant et acharné. Des lettres intimes qu'il cite montrent à nu l'âme franche et le cœur droit de l'enfant de Bernwiller. On sera certainement heureux de les lire ici :

Henner est parti pour l'Italie. Il envoie à son professeur ses premières impressions :

« Figurez-vous, dit-il, ces villages si pittoresques où
« vieilles femmes, jeunes filles, enfants et tous semblent
« être faits pour être peints. Les plus gracieuses d'entre
« ces femmes (et elles se connaissent en pittoresque) vien-
« nent vers nous quand elles nous voient arriver avec nos
« boîtes à couleurs et nous disent : *Signor, Signor, volete*
« *ritrarttar'mi*, c'est-à-dire : « voulez-vous faire mon por-
« trait? » Elles ne demandent pas mieux, et même si vous
« dessinez des maisons ou des monuments, elles se mettent
« exprès à côté dans des poses si gracieuses et si belles
« qu'on oublie presque que le gouvernement nous envoie à
« Rome pour faire de la peinture d'histoire, ce qui ne
« m'empêchera pas de faire selon mon sentiment, tout en
« remplissant bien le programme qui nous est imposé. »

Une autre fois, Henner raconte ses études à son maître :

« Autrefois, dit-il, je croyais que l'effet existait dans
« l'opposition du blanc et du noir. On peut sans doute en
« produire avec cela seul; mais le ton donne de la gaîté
« et réjouit l'œil. Si vous voyiez comme toutes les études
« que j'avais faites avant d'aller à Venise sont terreuses
« et lourdes, celles mêmes que j'ai peintes au commence-
« ment du voyage! Ce n'est réellement qu'à Venise que j'ai
« été frappé de toutes les ressources de la palette de cette
« école coloriste... Vous savez que je fais un *Christ en*

« *prison*. Je crois que j'ai dépassé mes moyens. Je ne sais
« pas encore comment je vais m'en tirer. »

Et plus loin :

« Que de nuits sans sommeil, que de journées de décou-
« ragement ! M. Flandrin me dit que tout cela est néces-
« saire. Je passe quelquefois de charmants moments avec
« lui ; il vient me voir souvent dans mon atelier, il est
« excellent pour moi. C'est un vrai bonheur et une bonne
« fortune que de pouvoir approcher cet illustre peintre et
« de profiter des belles leçons qui sortent de sa bouche. »

Par ces confidences poignantes, n'est-il pas
vrai, je le répète, que nous connaissons l'âme
même de J.-J. Henner ?

Heureux ceux qui ont de ces insomnies et
de ces hésitations fécondes. Malheureux ceux
qui n'ont jamais reculé d'effroi devant leur
idéal et qui n'ont pas eu leur sueur du jardin
des Oliviers :

> Celui qui ne sait pas, durant les nuits brûlantes
> Se lever en sursaut, sans raison, les pieds nus,
> Marcher, prier, pleurer des larmes ruisselantes,
> Et devant l'infini joindre des mains tremblantes...
> ... Que celui-là rature et barbouille à son aise...
>
> . . . . , ...
>
> Grand homme si l'on veut, mais poëte, non pas !

Poëte ni peintre , dirons - nous. Il faut voir désespéré parfois pour être digne d'ariver au but.

A Rome, Henner se mit à travailler avec charnement, toujours fidèle à la simplicité.

— Voyez, nous disait-il, un jour, à Florence, ans la salle des Uffizzi, où figurent les grands eintres peints par eux-mêmes. Quelques-uns iennent leur palette à la main. Eh bien, sur eur palettes, il n'y a que les couleurs les plus imples : le *rouge*, le *vert*, le *bleu*, le *jaune*, le oir et le *blanc*. C'est nous qui avons inventé es mélanges de couleurs si éloignés de la implification primitive !

C'est en causant que les peintres (comme ous les hommes) se peignent eux-mêmes, ans le savoir, s'ils sont sans pose, s'ils ne se ont point d'avance taillé un rôle et dicté un ersonnage.

Un jour, nous lisant, avec une admiration rofonde, un passage de la *Vie du Giorgione*,

Henner nous disait, du ton ému d'un disciple :

— Voyez-vous, voilà comment il travaillait !

Henner parle peu, mais chacune de ses phrases dit toujours quelque chose. Souvent il écoute, ne répond pas et pense.

— A Rome, nous racontait-il, ma grande joie, c'était, après déjeuner, d'aller passer une heure à la Galerie Borghèse, devant le Corrége et le Titien, puis de revenir à l'atelier et avec cette impression d'art sousles yeux, de travailler devant le modèle, devant la nature !

La nature joue un rôle dans toutes ses œuvres. Il la transforme, lui donne le ton et le charme d'*un Henner*, mais il l'étudie et la serre de près. Dans son tableau du Luxembourg, *Suzanne au bain,* le fond du paysage à gauche est l'Arc de Titus et un bouquet d'arbres entourant des ruines aperçues par une *vue* prise des jardins Farnèse. L'olivier qu'on voit là est oujours cet olivier qu'il aime, qu'il a massé dans son magnifique tableau de l'Hôtel Sédille, ses *Nymphes, son olivier*, si l'on peut dire. Le modèle qui a posé pour cette belle et chaste Suzanne a depuis épousé un clairon des dragons du pape. Elle s'appelait Chiara et invitait, comme une femme du monde, les peintres à passer la soirée dans sa famille, tout bien, tout honneur. Gaujean, qui a du talent cependant, a gravé cette *Suzanne* pour le journal l'*Art*, mais sans nul sentiment de la forme, avec trop de sécheresse. La figure principale est pourtant ressemblante ce qui, pour une gravure, est une qualité !

Cette *Chaste Suzanne* (car c'est le titre qu'Henner lui donna sur le livret), fut exposée au Salon de 1865, avec deux portraits, un *Portrait d'enfant* et un *Portrait de femme*.

En 1863, Henner avait exposé un *Jeune baigneur endormi* (qui lui avait valu une médaille) et un *Portrait de M. V. Schnetz*, le directeur de l'Ecole de Rome, et un *Portrait de M. Joyau,* architecte, mort aujourd'hui.

Certains critiques avaient été froids. Voyez les articles de C. de Sault par exemple. Henner ne s'en occupa guère. Chaque étape pour lui devait marquer un progrès.

Il envoie au Salon de 1869 : *Une Jeune Fille* s'arrangeant les cheveux, (1re médaille). C'est une nymphe assise, et dont il a gardé l'esquisse, et un portrait de madame la baronne de I... (Madame Henri d'Ideville, vue de profil, un châle rouge sur les épaules, vrai morceau de choix.)

Exposition universelle de 1867. — La *chaste Suzanne.* — Le *jeune Baigneur endormi* (aujourd'hui au Musée de Colmar). Une figure couchée (Musée de Mulhouse) et cinq portraits.

Salon de 1868. — *La Toilette* (tableau d'*intérieur*). Une femme assise devant un miroir et dont l'image se reflétait dans la glace.

Traité en esquisses quelque chose comme du Manet meilleur, avec le style en plus, et dessiné. Henner mécontent creva la toile et détruisit le tableau. Il avait donné l'esquisse. Nulle trace de ce tableau n'existe plus. C'est un malheur, Henner a d'ailleurs détruit ainsi beaucoup de ses œuvres. Portrait de madame F.-D. (Madame Faugère-Dubourg, femme du maire de Nérac qui a publié un recueil de sonnets intéressants sur la *Marguerite des Marguerites*.)

Salon de 1869. — *Femme couchée* (sur du velours noir, son premier grand succès). — Le *Petit Ecriveur*, profil de son neveu, alors enfant, et penché sur son pupitre.

Salon de 1870. — *Alsacienne* (une paysanne portant un panier de pommes). — Portrait de madame Kestner.

A partir de 1870, Henner, dont l'*Alsace en deuil,* une cocarde tricolore au bonnet et *at tendant*, va populariser tout à fait le nom, marche à grands pas vers une autorité et une maîtrise incontestées.

Le Salon de 1872, qui au lendemain de la guerre parut si consolant en montrant une France artistique toujours vivante malgré les défaites, fut celui où Henner exposa sa superbe *Idylle* (Musée du Luxembourg).

C'est comme un Giorgione, cette *Idylle*, avec une mélancolie toute moderne, un sentiment tout particulier à notre âge, et que Giorgione n'avait pas. Deux femmes nues, de cette chaste nudité qui n'éveille que l'admiration pour les beautés parfaites ; deux femmes arrêtées devant une fontaine respirent doucement la fraîcheur saine d'un beau soir. Ce n'est point du quartier Bréda, cette fois, que descendent ces deux figures, mais de cette antiquité où l'humanité marchait fière et belle dans sa majesté. L'une d'elles, assise, joue lentement dans un roseau quelque doux air mélancolique. L'autre debout, appuyée contre la margelle de la fontaine, écoute avec une impression de calme un peu triste ces sons qui s'envolent dans l'air du soir. La lumière attendrie descend plus grise du ciel adouci, et qui se reflète pacifiquement dans l'eau du bassin.

Quelle paix ! quel calme dans cette nature ! quelle noblesse dans ces deux figures ! Le ton tout entier du tableau est gris, argenté et pourtant admirablement coloré. Comme la lumière glisse sur cette poitrine au modelé charmant de la femme debout, ses cheveux roux encadrant son majestueux visage ! Comme ces chairs sont grasses, vivantes et féminines ! Comme leur ton quasi-laiteux se détache du terrain vert, du fond d'un gris bleu que forment l'arbre du milieu du tableau, le tertre fuyant, l'horizon ! J'ai dit que c'était là une toile de Giorgione, mais j'ajoute que l'œuvre du moderne est matériellement mieux peinte et laisse une bien autre impression de calme, de pure beauté, de rêve antique ou biblique, que tous les tableaux du Vénitien.

Cette *Idylle*, de M. Henner, est assurément une des œuvres les plus remarquables du Luxembourg. Elle ne fait ni fracas ni foule, mais tout homme qui aime l'art dans ses manifestations les plus exquises songerait à donner dans sa galerie, un coin de choix à ce chef-d'œuvre.

J'aime beaucoup moins le portrait de petit garçon que M. J.-J. Henner exposait à côté en 1872. Les jambes nerveuses et serrées dans des bas noirs, la tête, sont certainement d'excellents morceaux, mais qu'on ne saurait comparer à cette *Idylle* qu'André Chénier eût appelée le plus délicieux des *petits cuadros*.

Au Salon de 1878, M. Henner, exposait le *Portrait du général Chanzy* et un *Portrait de femme*. Il a représenté le général Chanzy en

tenue de campagne, debout, la main gauche
appuyée sur son sabre à poignée d'acier, la
main droite roulant entre ses doigts une ci-
garette inachevée. Le képi sur la tête, botté,
revêtu de la veste d'état-major à brande-
bourgs noirs, la culotte rouge, le général ap-
paraît et se détache sur un fond d'un bleu
verdâtre, et semble s'avancer, vivant et res-
pirant de sa vie réelle. L'aspect de la toile
est on ne peut plus agréable, et le rouge de
la culotte est loin de faire tache. Au contraire, il avive cette figure, volontairement
peinte dans une gamme en quelque sorte
austère. Tout l'intérêt du tableau est dans
le visage, dans cet œil d'un bleu clair si
limpide et si profond, dans cette moustache
blonde, dans l'expression faite de bonté
mâle et de résolution sans phrases qui
est celle du soldat de Coulmiers et de la re-
traite du Mans. Elle est remarquablement
modelée, cette figure du général Chanzy, et

fait grand honneur au peintre qui a su exprimer ainsi le caractère spécial de cet homme
aimable, résolu et sans pose. Mais peut-être
à ce portrait d'un général qui a su trouver
une juste gloire en des journées où la défaite
était partout, préféré-je encore la figure de
femme que M. Henner exposait sous ce titre :
Portrait de Mademoiselle E. D. Elle est exquise
en effet, et parfaite, cette figure de jeune
fille, mince, élégante, l'air rêveur, mais non
romanesque, le regard calme, honnête et
charmant.

Toute de noir vêtue, la tête couverte d'une
mantille, avec sa robe qui laisse passer à
peine des manchettes et le bout d'un col
d'un blanc incandescent ; cette jeune fille
dans sa grâce un peu attristée, est un des
portraits les plus remarquables que nous
ayons admirés depuis longtemps. Rien ici
n'est sacrifié à l'effet et au tapage. La gamme
entière du tableau est assoupie, et la couleur

tire sa puissance de l'harmonie grave et charmante à la fois de l'ensemble. C'est à peine si un œillet, coquettement piqué dans les cheveux bruns de cette jeune fille, jette sa note provocante dans ce sévère et doux concert. Le visage est particulièrement bien traité, avec une expression indécise et pourtant singulièrement vivante, qui arrête et qui fait rêver.

Au Salon de 1874, M. Henner donnait son *Bon Samaritain* (Musée de Luxembourg) et la *Madeleine du Désert* (Musée de Toulouse).

Je ne sais pas de morceau de peinture supérieur et seulement comparable à la tête et au torse de ce vieillard, le bon Samaritain, qui se penche sur le blessé. Le crâne caressé par une lumière vaporeuse; l'épaule, le bras, d'une couleur pleine de suc, donnent l'idée de quelque robuste et maigre personnage de Ribera, dont une grâce particulière de pinceau aurait corrigé la rudesse.

M. Henner a comme fondu, dans ce beau tableau, l'énergie réaliste d'un maître espagnol avec le charme élégant d'un Italien.

Dans ses toiles religieuses, Henner garde, en effet, la réalité de ses portraits avec une couleur d'une pâleur exquise, douce, nacrée, charmante. La blonde *Madeleine dans le désert*, étendue dans sa grotte comme une cataleptique, montre une paupière adorable et laisse ses paupières s'abattre sur ses yeux tandis que le ciel étale au loin ses séductions corrégiennes. C'est un morceau de choix que cette figure si vivante, si chaste dans sa nudité, que couvre à demi une draperie bleue jetée sur un corps savoureux. Oui, vraiment, Henner a raison, c'est de la chair, c'est de de la *peau* qu'il peint ainsi et comme les peignaient les maîtres.

Le Salon de 1875, marque encore une étape nouvelle. On s'aperçoit encore une fois que J.-J. Henner est, dans un temps voué à la production hâtive et à l'art d'exportation, un artiste dédaigneux de ces faciles triomphes qui ont été la perte de tant de talents sur-chauffés.

Je l'ai beaucoup entendu parler de son art, sans l'avoir jamais vu préoccupé que d'une chose, l'avenir. Tandis que d'autres travaillent pour l'effet immédiat à produire au Salon ou pour la vitrine de Goupil, il ne s'inquiète que de vouer ses œuvres au *temps*, comme le poëte grec. Aussi bien ses toiles ont-elles la sobriété, la virilité et la sincérité fécondes qui assurent la durée. Le *Portrait de M. Picard*, en sa robe d'avoué, est modelé et traité avec la vigueur saine et hardie d'un Holbein. Cet homme gros et solide, le menton gras enca-dré d'un collier de barbe grise, les yeux lé-gèrement recouverts par des paupières tom-bantes, le visage à la fois rempli de bon-homie et de sévérité, fait songer, avec ses mains si admirablement dessinées, à quelque beau portrait d'Ingres, à ce *M. Bertin* qu'on a revu à l'exposition des Alsaciens-Lorrains. Rien de tapageur dans cette toile : le rabat et le ruban de la Légion d'honneur tranchent seuls sur la robe noire. Mais que tout cela est franche ment et solidement construit! Comme on sent l'ossature humaine sous les muscles ! Et comme M. Henner s'est souvenu du mot que répétait Ingres avec une sorte d'acharnement: « *La grammaire ! la grammaire !* »

Les mêmes qualités de dessinateur et de coloriste se retrouvent dans le tête de femme que M. Henner appelle *Portrait de Madame H...* (Madame Herzog.) Je ne sais rien de supérieur à cette étude serrée de près, à ce mélancolique visage où se lisent toutes les pensées d'une vie droite et sans amertume. Belle encore malgré son âge, cette madame Herzog en ses vêtements de deuil, se détachant en noir sur un fond rouge, garde comme une poésie doucement attristée qui cause en quelque sorte une

double émotion, l'émotion artistique et l'é-
motion humaine. C'est que M. Henner ne se
contente pas, dans ses portraits, de peindre les
vêtements, l'extérieur, l'allure apparente d'un
personnage ; il descend plus avant en lui, il
l'interroge et le devine. Il met de la pensée
dans ses prunelles. « Tout le monde peut, à
« la rigueur, peindre un œil, disait Thomas
« Lawrence, mais tout le monde ne saurait
« peindre un regard. » M. Henner peint le regard et il peint l'âme. Ses modèles, immo-
biles et muets dans leurs poses sans recherche, regardent droit devant eux et semblent
penser.

Lui-même, le peintre de l'*Idylle* et du *Samaritain*, songe et scrute les secrets de son
art. Tel le sculpteur Paul Dubois l'a représenté dans un buste qui est un des bons
morceaux de cet artiste, tel il est, l'œil pénétrant, le sourire à demi narquois, affa-
ble et bon. On sent en lui une intelligence

apaisée, amie de ce qui est simple et naturel, je dirais volontiers un esprit antique, tant il y a de rapports avec son art et les grâces virgiliennes de cette poésie latine qu'il se plaît à lire volontiers, et qu'il traduit sur la toile par des Idylles d'un sentiment tendre et d'une grâce rêveuse d'où n'est pas exclue la vigueur.

Le double mélange de l'inspiration antique et du respect absolu de la vérité et de la nature, qui fait le fond même du talent d'Henner, nous le retrouvons dans l'adorable petite toile qui a pour titre *Naïade*. Une jeune femme, nue, couchée, au bord de l'eau, la jambe droite repliée, la jambe gauche étendue, s'étire, nonchalante, voluptueuse, sa jolie tête souriante et rosée, à demi noyée dans ses cheveux roux. L'herbe épaisse semble baiser ce corps d'une nudité chaste et d'une carnation douce comme celle du Corrége. Le terrain donne à cette peau féminine

de légères ombres vertes. Une eau, d'un bleu
pâle, réfléchissant le ciel, rit, à deux pas,
calme et limpide comme un beau lac endormi. Les coteaux verts, la touffe vigou-
reuse des arbres forment avec le terrain solide et puissant des taches harmonieuses sur
lesquelles tranche cette apparition savou-
reuse et charmante, la naïade. C'est un morceau de roi que cette figure étendue ; les pieds
si élégamment attachés, les chevilles minces
et exquises, le modelé de la poitrine et des
bras, tout y est parfait, et je ne sais combien
d'heures on passerait à songer devant cette
femme couchée dans ce paysage et qui, loin
de rappeler les modèles d'atelier et les bruta-
lités à la mode, donne au contraire l'impression d'une pure idylle de Théocrite, d'une
églogue attendrie de Virgile. La Naïade
d'Henner est nue et non déshabillée, qu'on
saisisse bien la différence des deux mots.
Elle a le charme, elle a la grâce et elle a le

style. Goëthe pria un jour un de ses amis de se promener nu sur le bord de l'eau, afin que le poëte pût avoir l'impression d'une scène antique devenue vivante. Mais si Goëthe eût aperçu la *Naïade* d'Henner, il n'eut plus rien demandé ; il eût emporté le tableau, et avec lui une page, une vision, un rêve de l'antiquité.

Henner se plaît aussi, en ces peintures, à exprimer le calme et la paix, la pensée profonde chez les êtres, le repos en quelque sorte heureux dans les choses, et à nous montrer, dans la lumière attiédie d'un jour qui tombe, une femme, rousse d'ordinaire, étendue sur l'herbe et rêvant.

C'est le soir, et la paix, une paix profonde, enveloppe ces figures d'une sorte de baiser mystérieux. On ne sait trop ce qu'il faut admirer davantage ou de la figure humaine ou de ces masses d'arbres se profilant sur un ciel pâle. M. Henner a recommencé souvent un tel motif, et il a toujours apporté une poésie et une grâce nouvelles. Il y a, comme chez tous les maîtres, un paysagiste remarquable en lui. L'élève de Rome ne s'est pas attaché seulement à peindre le *nu*. Il a voulu donner à ses visions de la forme idéale un décor digne d'elle. Il aime non-seulement ces crépuscules paisibles, mais les soirs d'été, après quelque orage, lorsque le ciel s'est lavé, essuyé pour ainsi dire, et où il semble que le matin même renaisse avec la palpitation de tout ce qui vit : fleurs et nymphes. Et le peintre rêve de rendre ce moment de second réveil où tout dans la nature semble se mettre à l'air pour boire la vie et respirer, en quelque sorte, cette nouvelle aurore.

M. Henner exposait pourtant, en 1876, non pas une de ces idylles, mais un portrait de femme et un tableau religieux. Il y a encore comme un ressouvenir d'Holbein dans son *Christ mort* étendu en pleine lumière, sous les larmes des saintes femmes, et cette toile est d'un ton, d'une pâte, d'un éclat vraiment superbes.

Quel magnifique morceau que ce corps couché, ce torse puissamment modelé, ce bras pendant, que semble baigner la lumière ! La palette de M. Henner, si harmonieuse et si virile à la fois, d'une solidité qui n'a d'égale que sa simplicité même, fait le désespoir des peintres en quête de la *couleur*. Et M. Henner n'a pas le dessin et la couleur seuls ; il possède cette *harmonie totale*, comme disait Delacroix, sans laquelle il n'y a pas de maître peintre. Ceux qu'un tel don de couleur humilie, cherchent à nier à Henner la science de la composition. L'auteur du *Bon Samaritain* et du *Christ mort* s'inquiète fort peu du sujet qu'il traite, ou plutôt il le traite avec toute sa foi d'artiste et toute sa loyauté ; mais il n'entend rien sacrifier au drame, à la mise en scène, à l'intérêt du sujet. Il laisse à d'autres les effets de théâtre et les grands éclats tapageurs.

Mais ses qualités personnelles, ce *don* qui ne s'acquiert point, cette couleur incomparable, suffisent à lui assurer une place incontestée dans l'histoire de notre école contemporaine. Il n'y avait pas, au Salon de 1876, un tableau plus simplement conçu et d'un effet plus saisissant et plus profond que ce *Christ mort*, un vrai tableau de Musée ; et quant au *Portrait de madame Karakéhia*, qui l'accompagnait, ce n'est pas seulement le meilleur morceau de peinture , c'est peut-être le meilleur portrait qu'ait signé M. Henner. Je me suis longuement arrêté devant cette figure pensive, aux prunelles noires, calmes et insondables, pleines d'une mélancolie souriante , et je ne sais rien de plus exquis que le modelé de ce front, le contour, la courbe de ces lèvres, les plis de chair de ce menton. Et voyez le triomphe des choses absolument belles ! Cette tête de femme, ce visage qui pense, arrêtent la foule au passage, tout comme des peintures dramatiques et des scènes pleines de fracas. Les passants regardaient et songeaient devant cette vieille femme turque, la mère de Nubar-Pacha, et que le peintre hors de pair a rendue si vivante et si belle.

La *Joconde* de Léonard exprime une indéfinissable ironie, une sorte de bravade féminine et coquette, on ne sait quelle perfidie séduisante de sphinx ; *ce portrait* de M. Henner est, au contraire, empreint d'une mélancolie profonde, sympathique et grave, la mélancolie pleines de songes des Orientaux, la poétique mélancolie des races sémitiques. Avec quel souci de la forme, quelle précision et quel style M. Henner a traité les plis de ce menton, les délicatesses de la chair aux commissures des lèvres, et ces yeux aux dessous légèrement gonflés et cernés, remplis des visions d'autrefois ! Ce chef-d'œuvre est au Champ de Mars avec plusieurs autres du même maître.

On retrouve, je veux le redire, dans l'admirable talent d'Henner, la trace et la préoccupation de ces deux tendances de l'art, le naturalisme d'Holbein et le charme de la peinture italienne. Lorsqu'il était adolescent, que de fois, il le répète encore, allait-il à pied de son village des environs de Mulhouse jusqu'à Bâle, où Hans Holbein éclate dans toute sa virile sincérité ! La ville de Bâle, pour tout habitant de Mulhouse, c'est un peu une sorte de petite Rome, la ville artistique par excellence. On s'y rend comme en pèlerinage. Presque enfant, il s'était senti attiré, conquis, séduit, par le Musée. Il y passait de longues heures et ces contemplations muettes du petit Jean-Jacques n'ont pas été perdues pour l'homme. Puis, le séjour de la Villa-Médécis a donné à Henner le charme et le style particulier à sa peinture ou plutôt cela s'est librement développé en lui devant les œuvres des anciens.

Lorsque la femme d'Orient, qui posa pour cette toile devant le peintre, aperçut son visage ainsi transporté dans un cadre, elle éprouva, paraît-il, une sorte de terreur. Il semblait à madame Karakéhia qu'elle était comme dédoublée et qu'on lui avait, comme à Pierre Schlemiel, dérobé son ombre. La vérité est que cette figure donne l'impression de la vie même, mais de la vie pensive, intime, profonde, avec cette parcelle d'infini que porte avec lui l'homme, cet autre infini vivant.

Au Salon de 1877, Henner exposait deux toiles : *le Soir* et son fameux *Saint Jean Baptiste*.

Le Soir donne l'impression idéale d'une églogue virgilienne, lue tout haut, par un crépuscule pénétrant, plein de charme et de rêverie. *Le Soir*,—petite toile qui ressemble à plus d'un tableau d'Henner — c'est encore une femme, vue de dos, étendue sur l'herbe, avec sa puissante chevelure rousse tombant d'une seule masse de sa nuque sur ses épaules. Elle est là, auprès d'une eau tranquille et profonde qui reflète un ciel bleu d'une teinte d'opale. De grands massifs d'arbres donnent à ce calme coin de terre on ne sait quoi de mystérieux. C'est de la poésie peinte, mais une poésie qui a la vérité et la nature pour inspiratrices. Henner a refait et refera souvent encore un pareil tableau, sans qu'on se lasse de cette pâte étonnante, de ces *taches* superbes et de cette joie des yeux.

Mais un chef-d'œuvre absolu, qui fait songer aux tableaux du Louvre c'est la *tête de Saint Jean-Baptiste* que M. Henner a exécutée tée d'après le profil hébraïque d'un ami, M. Hayem. Saint Jean est représenté de profil, la tête coupée reposant sur un plat de

cuivre. Cette tête, maigre et souffrante, les
cheveux rares, le front dégarni déjà, la barbe
épaisse, le type hébraïque, est une merveille
d'exécution. Il y a dans l'*Hérodias* de Gustave
Flaubert, quelques lignes terribles sur saint
Jean décapité qui donnent la même sensa-
tion. Devant une telle œuvre, on se sent en
présence de quelque chose de supérieur et
d'une *maîtrise* achevée.

La tête ouvre une bouche lugubre par où
s'est envolé le dernier soupir de la vie. On
dirait qu'il s'en échappe maintenant un souf-
fle glacé. Du sang tache cruellement le fond
de ce plat posé sur le bois brun d'une table.
Point d'accessoires dans la toile ; ni couteau,
ni cimeterre. Rien, une tête coupée, d'une
tonalité brunâtre, se détachant d'un admirable fond brun, et voilà un morceau hors de
pair qui fait tout aussitôt songer aux anciens,
au *Saint Jean* décollé de Luini, à tout ce que

la peinture, en ce genre sobre, sérieux et profond, a produit de plus élevé.

M. Henner, l'auteur de tant de portraits calmes, réfléchis et d'une vie pleine de pensée peint largement, hardiment, laissant les contours qu'il ne cerne guère, se perdre dans ses fonds ; il n'aime point les figures léchées de la peinture correcte et froide. Mais il serre de près le *vrai*, avec un rare sentiment de la force uni à son charme habituel de pinceau. La pommette du saint Jean, l'os qui va réellement saillir sous la peau, le pli du nez, la façon dont l'oreille est détachée du crâne sont autant de choses d'une vérité robuste.

Aujourd'hui, M. Henner entre en pleine gloire, avec sa double exposition du Champ de Mars et des Champs-Élysées. Il en sortira grandi et affermi dans sa force. Les *Naïades*, grande toile qui appartient à M. Sédille, sont un tableau capital dans l'œuvre du maître et cette composition où d'adorables visions féminines détachent leur nudité chaste sur un fond tranquille, semblable à un bois sacré, le *lucus* des anciens, est une des maîtresses *pages* de notre école contemporaine.

Mais on hésiterait entre elle et cette *Madeleine* exquise, dont la pose abandonnée est une trouvaille et qui se tient accroupie au fond de sa grotte, désolée et charmante. On hésiterait entre ces *Naïades* et ce *Christ mort*, baigné de lumière et à la fois enveloppé de mystère, son corps blanc et froid étendu sur un drap noir. La *Madeleine* et le *Christ* tableaux incomparables, d'une puissance, d'une *maestria* qui font saluer en Henner un peintre éminent entre les plus glorieux.

Et cet exquis poëte du pinceau a la fécondité, cette vertu des forts. Travaillant toujours il a produit beaucoup. Ses portraits sont nombreux et tous profondément remarquables. Si on les réunissait en une exposition partielle comme on admirerait cette galerie

umaine ! Henner a exécuté (et nous ne ci-
ons pas tout) les portraits de : *Madame Flo-
uet*, *Madame Jules Ferry*, *Madame Charles
Jayem*, *Mademoiselle Scheurer*, *Mademoiselle
Pasteur*, *Mademoiselle Elser* (une Américaine,
oiffée d'un grand chapeau à la Gainsbo-
ough, le portrait est à New-York), *Mademoi-
elle Jensien*, en noir, vue de face, gants
oirs, éventail noir, une œuvre supérieure ,
Madame L. Dumont (de face, les cheveux
omme poudrés , en costume noir, pein-
ure superbe), *Madame Paul Dubois*, *Madame
Sédille* (œuvre d'une date plus ancienne, en-
veloppée d'un châle et vue de face, excellent
morceau), *Mademoiselle Sédille*, *Mademoiselle
Porgès*, *Madame Porgès*, avec un enfant sur ses
genoux, *Madame Oulmann*, d'une vitalité
superbe , *Madame Bouard* (un de ses meil-
leurs portraits), *Mademoiselle Mosenthal*, *Mademoiselle Edmond About*, *Mademoiselle Mar-
celle*, *Madame Jules Claretie* (un profil admi-

rablement traité, les méplats des joues d'un modelé superbe); — et parmi les portraits d'hommes : le *docteur Leroy* (qui figurera à l'Exposition universelle . Le docteur, chirurgien en chef du 1er corps de l'armée du Rhin se jeta par la fenêtre de désespoir, prévoyant nos désastres); *M. Silbermann*, le *peintre Parrot*, *M. Paul Dubois*, le *fils de Paul Dubois*, *M. Sédille*, architecte, *M. Ernest Reyer*, *M. Sully*, *Prudhomme*, *M. Georges Charpentier*, l'éditeur; *M. Jules Claretie* (trois portraits, deux profils et un grand portrait de face), les *enfants de M. Beulé*, *M. Hœffely*, député de la protestation alsacienne au Parlement allemand, étendu sur son lit quelque temps avant sa mort), *M. Porgès*, superbe morceau , etc., etc.

Le *Forgeron de Bernwiller*, la *Nymphe* rousse sur fond roux, un bijou artistique qui figura à l'Exposition du Cercle de la rue Saint-Arnaud, des *Etudes* d'après un modèle roux,

lle fille bretonne du nom de *Maria Petit*, et
ᵉ quantité de morceaux de choix entre
ᵗtres des natures mortes, des plats de cui-
e qui sonneraient sous le doigt si on les
uchait, compléteraient à peine le catalogue
ᵉ l'*Œuvre de J.-J. Henner*, catalogue qui sera
it, un jour.

Nous n'avons voulu que résumer ici une
xistence qui mérite d'être honorée entre
ᵘutes.

Prix de Rome en 1858, M. Henner a obtenu
ne médaille de 3ᵉ classe en 1863, deux mé-
ailles en 1865 et 1866, et une 1ʳᵉ médaille
ᵑ 1872. Il a été nommé chevalier de la Lé-
ion d'honneur en 1874. De plus hautes ré-
ompenses, profondément méritées, l'atten=
ent bientôt. Les médailles d'honneur et
Institut n'ajoutent rien à la valeur d'un
rand artiste mais, du moins, elles la consa-
rent. Henner se soucie d'ailleurs beaucoup
ᵐoins d'être applaudi et récompensé que de

bien faire; son seul juge, c'est sa conscience. Elle est sévère et nous avons vu cet homme robuste désolé et dégoûté devant des œuvres sorties de son pinceau et dont d'autres se fussent enorgueillis en toute justice. Conscience dans le labeur, foi, patience, telles sont les facultés maîtresses de ce tempérament mâle et doux, sûr de lui-même et pourtant timide, de Jean-Jacques Henner. Il est de ces hommes dont on aime à être l'ami. A-t-on besoin d'ajouter, en terminant cette esquisse que l'auteur de l'*Alsace* en deuil, l'enfant de Bernwiller est patriote et songe tristement à son coin de terre annexé ?

Son pays, lorsqu'il le revoit, lorsqu'il passe par Mulhouse et Bernwiller, ne lui a jamais semblé si tristement beau que depuis qu'il n'est plus à lui !

Henner alors se console — ou essaye de se consoler — avec l'Art et le Beau, ces porteurs

baume éternel et ces consolateurs su-
rêmes...

Pour nous, nous sommes heureux d'avoir
xé ici, à une date qui marque un nouvel
an du maître, la physionomie de J.-J. Hen-
er, à quarante-neuf ans, en pleine maturité
t en pleine sève.

Il ne faut pas toujours attendre que les
ommes d'élite soient morts pour leur rendre
a justice qui leur est due.

25 mai 1878.

F. Aureau. — Imprimerie de Lagny.